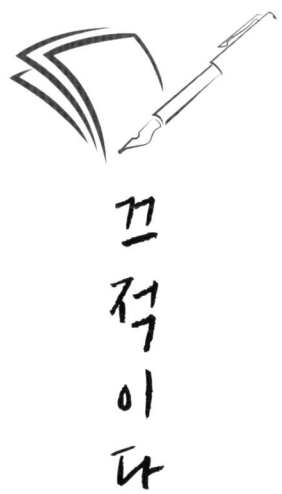

끄적이다

문성환 에세이

책여정

프롤로그 2024. 01

애가 애다워야 했는데
늘 성숙하다는 말을 들었어요.

이 말을 잘 들여다보면
정말 슬픈 거예요.

어린 나이에 생각을 많이 하고
어른다워야 하는 강박에 살아야 하는
그 아이만의 어려운 속내가 있었을 거예요.

그러나 그 아이는 칭얼대지 못하는 애 어른이죠.

애가 애다워야 하는데
애답지 못한 저 아이의 속내를
뭔가의 느낌으로 느껴줄 수 있는 사람이
단 한 사람이라도 있었으면 좋겠네요.

그 애는 늘 또래의 다른 애처럼
누구에게는 애이고 싶었을 테니까요.

그래서 그 애는 끄적이기를
써 내려가기 시작합니다.

01
내게
TO ME

008 ··· 아이를 안아보고 끄적이다
009 ··· 삭히고 또 삭히며 끄적이다
010 ··· 다지고 다지며 끄적이다
011 ··· 나답게 살고자 끄적이다
012 ··· 지구 반대편 브라질에서 끄적이다
013 ··· 나를 돌아보며 끄적이다
014 ··· 가슴 절여서 끄적이다
015 ··· 잠들기 전에 끄적이다
016 ··· 사람과 대화하다 끄적이다
017 ··· 내게 주문을 외치며 끄적이다
018 ··· 먼 산 바라보다 끄적이다
019 ··· 아이스크림 먹다가 끄적이다
020 ··· 라떼 한모금 마시며 끄적이다
021 ··· 적막 속에 끄적이다
022 ··· 일 마무리하고 끄적이다
023 ··· 약국에서 끄적이다
024 ··· 삶을 돌아보며 끄적이다
025 ··· 밤 길 걷다가 끄적이다
026 ··· 너무 지쳐서 끄적이다
027 ··· 답답해서 끄적이다
028 ··· 힘드니까 끄석이다
029 ··· 어느 흐린 날에 끄적이다
030 ··· 동트는 아침까지 일 하다가 끄적이다
031 ··· 소주 한잔 생각나는 새벽에 끄적이다
032 ··· 차마 울 수 없어 끄적이다
033 ··· 내가 내게 끄적이다
034 ··· 퇴근 길 하늘 바라보다가 끄적이다
035 ··· 고개 숙인 내게 끄적이다
036 ··· 인생이 궁금해서 끄적이다
037 ··· 누군가에게 듣고 싶어서 끄적이다
038 ··· 그냥 울고 싶어서 끄적이다
039 ··· 새벽 퇴근길에 서서 끄적이다
040 ··· 눈물 닦으며 끄적이다
041 ··· 어른이 되고 싶어 끄적이다
042 ··· 황학산에서 하산하고 끄적이다

02
희망
HOPE

044 ··· 결말이 희극이고 싶어 끄적이다
045 ··· 밤 하늘 올려다보며 끄적이다
046 ··· 계단 내려가면서 끄적이다
047 ··· 바르샤바에서 끄적이다
048 ··· 강에 비친 윤슬에 눈부셔 끄적이다
049 ··· 폴란드에서 끄적이다
050 ··· 브라질 가는 비행기 안에서 끄적이다
051 ··· 차 막혀서 끄적이다
052 ··· 가슴 뛰어서 끄적이다
053 ··· 밤하늘 별 찾다가 끄적이다
054 ··· 안개 속 뚫고 가다가 끄적이다
055 ··· 미친놈 소리 듣고 끄적이다
056 ··· 누워서 형광등 보다가 끄적이다
057 ··· 힘들어하는 청춘에게 끄적이다
058 ··· 무언가 시작하며 끄적이다
059 ··· 당당한 리더이고 싶어서 끄적이다
060 ··· 신호등 앞에서 끄적이다
061 ··· 세상 탓하는 이에게 끄적이다
062 ··· 방송 마치고 끄적이다
063 ··· 용기 도전 이야기하다가 끄적이다
064 ··· 하얀 눈 보며 끄적이다
065 ··· 자신을 돌아보며 끄적이다
066 ··· 떠돌이 생활하며 끄적이다
067 ··· 새벽 창 보며 끄적이다
068 ··· 삶에 대해 생각하다가 끄적이다

03 슬픔
SADNESS

070 ··· 지나온 날 회상하다 끄적이다
071 ··· 막 내리기 전 날 새벽에 끄적이다
072 ··· 차가워진 새벽 바람 맞으며 끄적이다
073 ··· 쏟아지는 비 보며 끄적이다
074 ··· 오십세주 마시고 끄적이다
075 ··· 소주 세잔하고 끄적이다
076 ··· 밤 하늘보며 끄적이다
077 ··· 안개 자욱한 날 끄적이다
078 ··· 쳇바퀴 도는 내 삶에 끄적이다
079 ··· 소나기 내려서 끄적이다
080 ··· 지쳐서 잠시 끄적이다
081 ··· 창 밖 비 보다가 끄적이다
082 ··· 마음 비워내며 끄적이다
083 ··· 아리송해서 끄적이다
084 ··· 길바닥 보다 끄적이다
085 ··· 꿈에 깨서 끄적이다
086 ··· 술잔에 인생 담아서 끄적이다
087 ··· 호숫가 오리 보다가 끄적이다
088 ··· 울지 못해서 끄적이다
089 ··· 빨래 넣고 끄적이다
090 ··· 연탄불 보며 끄적이다
091 ··· 건널목에 서서 끄적이다
092 ··· 이제야 비로소 끄적이다
093 ··· 기대가 무너져서 끄적이다
094 ··· 만감이 교차하는 새벽에 끄적이다

04
사랑
LOVE

096 ⋯ 밀당하는 사람들보며 끄적이다
097 ⋯ 시작하는 연인들에게 끄적이다
098 ⋯ 단풍보다 끄적이다
099 ⋯ 당신 향에 취해 끄적이다
100 ⋯ 문득 신호등 보다가 끄적이다
101 ⋯ 눈 뜨자마자 생각나서 끄적이다
102 ⋯ 변해가는 내 모습에 끄적이다
103 ⋯ 가슴 벅차 끄적이다
104 ⋯ 헤롱헤롱 거리다 끄적이다
105 ⋯ 내가 이렇게 될 줄 몰라 끄적이다
106 ⋯ 널 바래다 주고 끄적이다
107 ⋯ 나에 대해 알아줘서 끄적이다
108 ⋯ 그래라고 하품해서 끄적이다
109 ⋯ 예외가 인정되서 끄적이다
110 ⋯ 고개 올려 별 보다 끄적이다
111 ⋯ 안목이 뛰어나서 끄적이다
112 ⋯ 온도가 따뜻해 끄적이다
113 ⋯ 심장에 새기며 끄적이다
114 ⋯ 보랏빛 하늘보며 끄적이다
115 ⋯ 자꾸 떠올라 끄적이다
116 ⋯ 내 눈 안에 너가 보여 끄적이다
117 ⋯ 새벽에 달리다 끄적이다
118 ⋯ 한송이 꽃보며 끄적이다
119 ⋯ 눈 오는 날 끄적이다
120 ⋯ 붉은 조명 아래서 끄적이다
121 ⋯ 이제야 내편이 생겨 끄적이다
122 ⋯ 새벽 공기 스치다 끄적이다

01
내게
TO ME

무언가를 해내야만 해서
결코 남에게 의지하거나
의존할 여유 조차 없어서
너무 빨리 어른이 된 줄 알았는데
정작 그 시기에 느껴야 할
감정들마저 지나쳐
철이 든 아이가 바로 나

아이를 안아보고 끄적이다

아픈데 아프다 못하고
슬픈데 슬프다 못하고
우울함에 미칠 것 같은데 말 못 하고
바보라서 말 못 하는게 아니라
그 아픔 그 슬픔 그 우울이
얼마나 괴로운지 알기에
나로 인해 듣는 주변 사람들이
힘들까봐 스스로 삭히는 거에요

삭히고 또 삭히며 끄적이다

나는 화려하지는 않지만
은은하게 빛나는 사람이고 싶었다
나는 어둠 속에서도 충분히
빛나는 사람이고 싶었다
부디 그 소망을 잊지 않았으면 좋겠다
넘어져도 되지만 무너지지는 않았음 좋겠다

다지고 다지며 끄적이다

세상에서 가장 용기 있는 삶은
가장 나답게 살아가는 것

나답게 살고자 끄적이다

과정이 있었기에
결과를 만들어 냈지만
그 과정 속에 수많은 질타와 분노의 시선
부정적인 말들과 냉기 가득한 눈빛들
오롯이 이겨내며 버티며 또 버텼다
이제야 비로소 결과의 빛이 찾아왔다
그 끝의 빛은 나만의 빛이 아닌
내 주변 만인의 빛이 되길 바라본다

지구 반대편 브라질에서 끄적이다

태어날 때는 몰랐다
열 살까지는 시키는 대로 살았다
스무 살 까지는 뭘 하고 살지 생각하며 살았다
서른 살 까지는 미친 듯이 일했다
마흔이 된 지금까지도 죽기살기로 일해왔다
마흔 하나부터 난 또 목표를 이루기 위해 일하겠지
쉰쯤 난 성공이란 단어 앞에 놓여 있겠지
예순쯤 난 한 번쯤 살아온 내 인생을 회상하겠지
칠순쯤 난 세상과 함께하는 방법을 알겠지
팔순쯤 난 이제 다가올 끝을 받아들이겠지
아흔쯤 난 이미 세상과 작별해 있겠지

나를 돌아보며 끄적이다

웃는다고 밝다 생각하지 말고
당당하다고 속앓이 없다 생각 말고
주변 사람 많다고 외롭지 않을거란 착각 말고
성공했다고 그냥 금수저라 생각 말고
베푼다고 다 가졌다 오해 말고
다 들어준다고 여유 있다 생각 말고
위트 있다고 내면 또한 밝을거란 착각 말고
술 안 마신다고 혼술 안 할거란 생각 말고
바쁘게 산다고 쉬고 싶지 않을거라 오해 말고
겉은 강해도 속은 늘 여린 잎새같은 사람
그냥 속앓이하는 사람 사람 사람이네요

가슴 절여서 끄적이다

단 한 번뿐인 인생이란 무대에서
랩처럼 누구보다 열심히 달려왔고
힙합처럼 흐름에 맞춰 인생 리듬을 타며 살아왔고
발라드처럼 차분하게 하나씩 풀며 살아왔고
트로트처럼 때론 다 잊고 쿵짝쿵짝 놀아도 봤고
클래식처럼 때론 주변 사람들과 호흡하며 살아도 봤고
재즈처럼 스윙감을 타며 인생을 즉흥적으로도 살아왔다
과연 내 인생의 마지막 무대에서는
앵콜이란 소리를 들으며 내려 올 수 있을까

잠들기 전에 끄적이다

이제 너 이야기해봐
들어줄 수 있어
근데 난
내 이야기를 못해요
여태껏 그 누구에게도
해본 적이 없으니까요

사람과 대화하다 끄적이다

버티고
이기고
누리자

내게 주문을 외치며 끄적이다

혼자인게 끔찍이 싫었다
밥 먹는 것도
어딜 가는 것도
집에 있는 것도
뭘 하는 것도
어느 순간 끔직이 싫었던 것들이
내 삶의 전부가 되어 버렸다

먼 산 바라보다 끄적이다

그땐 그게 행복인지 몰랐다
시간지나 이제야
눈물이 날 가르쳐준다
따뜻한 햇살을
차가운 냉기로
만들어 버린 나이이기에
가슴이 시려도 참아내야 한다

아이스크림 먹다가 끄적이다

라떼 한모금 마셨더니 부드러운 목 넘김에
참 따뜻한 온기까지 온 몸 전체에 퍼지는데
마음이 차가워 그 온기가 갖는 따스함의
의미를 알아채지 못하는 난 왜 이런걸까

라떼 한모금 마시며 끄적이다

문득 간절히 바래본다
누가 나에게 말이라도 걸어줬으면

적막 속에 끄적이다

왜 그렇게
죽기살기로 사느냐고 물으신다면
금수저도 아니고요
빽도 없고요
밀어주는 이도 끌어주는 이도 없고요
단 남들보다 몇가지 가졌다면
열정 자신감 끈기로
험난한 세상 속에서 버티며
한걸음 두걸음 나아가고 있어요

일 마무리하고 끄적이다

잠이 없냐고요
저도 잠 많이 좋아해요
1년 365일 중 300일은
입안이 헐어 있고요
65일은 입밖이 헐어 있어요
저도 잠 더 자고 싶어요
근데 이렇게 살아도
세상이 만만치가 않아
이렇게 사는거에요

약국에서 끄적이다

평범하게 산다는게
쉽지 않다는걸 알면서
평범하지 않은 나인데
평범하게 살려고 했다

삶을 돌아보며 끄적이다

스스로에게 늘 최면을 건다
그래 오늘도 열심히 살았다
그래 오늘도 정신없이 살았다
그래 오늘도 후회없이 살았다
그래 오늘도 열정가득 살았다
그래 오늘도 피곤하게 살았다
그럼 된거라고

밤 길 걷다가 끄적이다

지친다
삶의 무게에 지치고
쓸데없는 에너지 소모에 지치고
그냥 쉬고 싶지만
쉴 수 없음을 알고 있어 더 지친다

너무 지쳐서 끄적이다

인생에서
해답을 찾으려 애쓰지마라
전에도 찾지 못한 해답을
오늘도 몰랐던 해답을
앞으로도 못 찾을 해답을
왜 굳이 찾으려 하는가

답답해서 끄적이다

세상에서 나를
가장 괴롭히는 사람은
바로 나

힘드니까 끄적이다

성공이란 강박 앞에
포기 해야했던
소소한 행복들
가끔 옆도 뒤도 돌아보며
살아야 하는데
너무 자신의 삶을
자학하고 있는
내가 가엾다

어느 흐린 날에 끄적이다

그냥 버티는 거에요
그냥 안 힘든 척 하는거구요
그냥 일만 하는거에요
그냥 뒤돌아 보지 않는거구요
그냥 울지 않는거구요
그냥 웃고 있는거에요
그냥

동트는 아침까지 일 하다가 끄적이다

책임감이란 무게에
모든 걸 끌어안고 살았던 나날들
하지만 되돌아보면 그 또한
부질없는 오만함이었다는 걸
이제야 비로소 느끼는 난
바보랍니다

소주 한잔 생각나는 새벽에 끄적이다

그래도 한편으로는 잘 살아왔다고
스스로 위안 삼으며 버텨왔는데
이 또한 아니었다는 것을 알게 되었네요
이젠 슬퍼할 가슴
아파할 마음마저
전혀 아무렇지 않아
눈물마저 쏟지 못하는 내게 미안하네요

차마 울 수 없어 끄적이다

말하기까지 얼마나 힘들었을까
내려놓기까지 얼마나 괴로웠을까
의지하기까지 얼마나 생각했을까
단 한번뿐인 인생 이제라도
편히 살아가길 바래요

내가 내게 끄적이다

퇴근 길에 문득 하늘을 올려다 봤어요
이렇게 넓은 하늘이었는데
바닥만 보고 눈 앞만 보고 살았다는
사실이 너무 서글펐어요
보이는게 전부가 아니라는걸
이제라도 알 수 있어서 참 다행이에요

퇴근 길 하늘 바라보다가 끄적이다

가능하지 않은 것을 가능하게 해야하고
죄송하지 않은 것에 죄송하다 해야하고
웃고 싶지 않은 것에 웃어야만 하는 그대
수퍼맨이 아닌 그대여 고생했어요
고개 숙이지 마세요 그댄 세상에서
가장 빛이 날 존재니까요

고개 숙인 내게 끄적이다

그냥 살다보면
살아지는게 인생이라지만
그저 익숙해지면
익숙해지는게 사람살이라지만
아직은 도무지 모르겠어요
아직 난 어린가봐요

인생이 궁금해서 끄적이다

잘 걸어왔고
잘 버텨왔어
잘했어 그동안
수고했어

누군가에게 듣고 싶어서 끄적이다

완벽해 보이지만
내면을 보면
참 슬픔이 가득한 사람
다 가진 것 같지만
알고 보면 속 터놓고 이야기할
단 한사람도 없는 사람
쓰러져 못 일어날 것 같지만
아침이면 또 열심히 살자고
주문을 외치는 사람
그게 바로 나에요

그냥 울고 싶어서 끄적이다

아무도 알아주지 않아도 괜찮아
그 누군가 이해 못해줘도 안 슬퍼
이미 충분히 열심히 살고 있을 뿐
도망치거나 멈추지 않는 열정에
오늘도 내게 박수를 보낸다

새벽 퇴근길에 서서 끄적이다

내게 진정 필요한 건
거창하고 위대한게 아니라
내 애길 조금만 들어주길
바랄 뿐이었어요
큰 것도 아니 작은 한마디만이라도

눈물 닦으며 끄적이다

외로움과 고독을
즐길 줄 알아야
어른이라 하던데
난 어른이 되려면
아직 멀었나보다

어른이 되고 싶어 끄적이다

목표와 목적만을 위해 앞만 보고 올라섰다
힘들면 잠시 쉬었다 가고 주변을 보며
여유도 느낄 수 있었음에도
굳이 정상에 빨리 올라야 한다는 강박에 시달려
산에 오를 때 조차 내 인생과
별반 다르지 않다는 것을 느낀다
어차피 정상에 올랐다가 내려가야 함을 알면서도
올라올 때 비로소 보지 못했던 아니 보려고 하지 않았던 것들이
내려갈 때는 이리 잘 보이는 것들을
올라설 때 잠시나마
주변도 바라보며 잠시 여유도 부리고 잠시 쉬었다가도
어차피 목표만 분명하다면 올라설 것을
이렇게 서두른다해서 정상에서 좀 더 많이 누릴 것들은 없었다
오를 때 잠시 쉬지 못한 감정의 후회만
가득차 오를 뿐이다

황학산에서 하산하고 끄적이다

02

희망

HOPE

인생은 모두가 한 편의 소설
결말이 비극이 될지 희극이 될지는
작가인 내가 쓰기 나름

결말이 희극이고 싶어 끄적이다

셀 수 없이 수많은 별들 중
가장 빛나는 별이 되고 싶지만
무수한 별들을 빛나게 밝혀주는
밤 하늘이 더 뜻있지 아니한가

밤 하늘 올려다보며 끄적이다

아주 먼 미래를 위해
지금 이 순간 너무 스스로에게
희생을 강요하고 있지 않은가
다시는 돌아올 수 없는 지금의 시간들을
놓치지 말길 바랄 뿐이다

계단 내려가면서 끄적이다

우리가 언제 다 갖추고 시작했던가
밑바닥부터 열정 하나로 시작했지
그때의 무모한 도전이
지금의 대단한 성과를 이뤄낸 것처럼
때론 무모함이
성공의 밑거름이 될 수도 있다는 확신을 가져

바르샤바에서 끄적이다

세상에서 가장 소중한 시간은
바로 지금 이 순간

강에 비친 윤슬에 눈부셔 끄적이다

인생은
녹화방송도
재방송도 없다
모든 삶이 전부
ON AIR 생방송

폴란드에서 끄적이다

뿌옇게 보일 듯 말 듯한 조명들처럼
지금의 인생도 희미할지언정 포기는 말자
아직 인생 렌즈의 초점이 맞지 않을 뿐
초점이 맞춰지는 순간
멋지고 아름다운 전경이 펼쳐질 것이다

브라질 가는 비행기 안에서 끄적이다

그 무엇이 두려운가
나 홀로 가는 길이 아닌
이 길 위에 너와 내가 함께 가는데

차 막혀서 끄적이다

가슴이 벅차오르는 건
아마도 원하는 꿈에
가까이 가고 있다는
신호가 아닐까

가슴 뛰어서 끄적이다

인생은 선택의 연속이고
그 선택은 미래를 바꿔놓을
아주 위대한 기회다

밤하늘 별 찾다가 끄적이다

색이 강할수록
눈에 확 띄기 마련이다
몇 마디의 말들 때문에
몇 안되는 시선 때문에
자신만의 아름다운 색을
바꾸지도 버리지도 마라
당신은 그 존재만으로
세상에서 가장 빛나는 색이다

안개 속 뚫고 가다가 끄적이다

미치면 안 되는데
성공한 사람들은 모두
그 분야에 미쳐있더라

미친놈 소리 듣고 끄적이다

찬란한 삶을 살고 싶다면
먼저 눈을 감아라
그럼 굳이 찬란한
태양 빛이 아니더라도
감았다 뜨는 순간 보이는 처음이
당신 인생에서 가장 눈부신
삶의 시작이 될 것이다

누워서 형광등 보다가 끄적이다

세상에는
하고 싶은 일과
해야만 하는 일이 있다
하고 싶은 일을 하려면
해야만 하는 일을
반드시 해야한다

힘들어하는 청춘에게 끄적이다

관계는 마지막이 중요하고
성공은 시작이 중요하며
시작은 만남이 중요하다

무언가 시작하며 끄적이다

리더는 책임을 지는 사람이고
리더는 길을 만들 줄 아는 사람이며
리더는 희생을 행복으로 받아들일 줄 아는 사람이며
리더는 쓰러져도 웃을 수 있는 사람이어야 한다
그래야 만들어 놓은 길 위에서 당당히 앞 서 걸을 수 있다

당당한 리더이고 싶어서 끄적이다

잠시 멈춤이지만
곧 출발할 수 있어요
지금의 멈춤을 다행이라 생각해요
이제 속도 올릴 일들만 가득할테니

신호등 앞에서 끄적이다

얻고자 한다면 몸을 움직이고
변화하길 원한다면 마음을 움직여라
스스로 바뀌기 전에는 세상은 절대 바뀌지 않는다

세상 탓하는 이에게 끄적이다

프로와 아마추어의 차이는
기본이 되어 있느냐 없느냐의
한 끝 차이

방송 마치고 끄적이다

내 인생 찬란한 빛은
남이 빛내 주는게 아니라
본인 몫이라는 것
그러니 나 하기 나름

용기 도전 이야기하다가 끄적이다

내 인생을 아끼고 사랑하면
내 일생은 틀림없이 빛으로 물들거야

하얀 눈 보며 끄적이다

너의 가치를 매기지마
넌 가치를 매길 수 없이 빛나

자신을 돌아보며 끄적이다

꿈은 꾸라고 있는 것이 아니라
이루라고 있는 것

떠돌이 생활하며 끄적이다

상처받는 것을 두려워 한다면
성공이란 단어는 절대 쓸 수 없다

새벽 창 보며 끄적이다

보여지는
누군가의 인생이
정답이 아니라
내가 살아가는 삶이
내 인생에 정답이다

삶에 대해 생각하다가 끄적이다

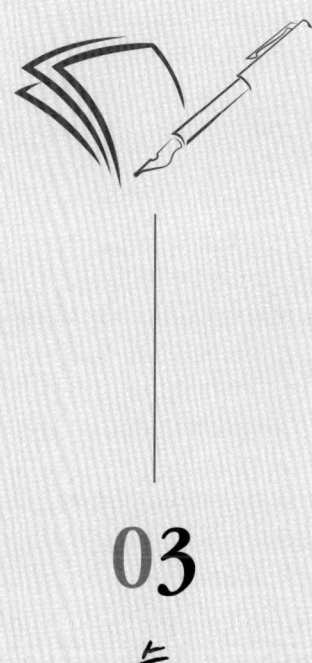

03
슬픔
SADNESS

언젠가 기억 될 오늘은
내가 울지 않았기를

지나온 날 회상하다 끄적이다

곤히 되돌아보니
네가 내가 왔던 처음, 마지막
딱 두 번뿐이었네

막 내리기 전 날 새벽에 끄적이다

가장 슬픈 일은
손 닿을 곳에
내 편이 없다는 것

차가워진 새벽 바람 맞으며 끄적이다

오늘 모처럼
하늘에서 비가 내렸어요
내 가슴에는
매일 비가 내리고 있는데

쏟아지는 비 보며 끄적이다

후회한들
아파한들
이미 낡은 사진첩일뿐

오십세주 마시고 끄적이다

그럼 내가 죄인이잖아요
울지말아요
그런 맑은 눈으로

소주 세잔하고 끄적이다

가슴 한구석
뻥뚫려 버렸지만
이젠 시리지도
이젠 아프지도
이젠 아무렇지도 않은
무덤덤한 상태의 연속
세상 혼자라고 느껴지는
지금 이순간

밤 하늘보며 끄적이다

마지막 한마디
안녕

안개 자욱한 날 끄적이다

돌고 도는게
인생살이라지만
너무 돌고 돈다

쳇바퀴 도는 내 삶에 끄적이다

그나마 다행인 건
너와 같은 하늘아래
살고 있다는 것

소나기 내려서 끄적이다

설마하는 미련 때문에
아팠던 날들마저
이젠 또 하나의 추억이 되겠지

지쳐서 잠시 끄적이다

희미한 기억이라면
이미 정리된 마음인 듯
또렷한 기억이라면
끝내 정리하지 못한 미련인 듯

창 밖 비 보다가 끄적이다

그동안 고마웠어요
그동안 미안했어요
이젠 부디 웃어요
이 세상에서
제일 행복해야해요

마음 비워내며 끄적이다

어쩜 모르고 지나쳤을 수 있다
아니 알고도 놓쳤을 수도 있다
손 닿을 수 있었을지도 모른다
못 잡은게 아니라
안 잡은 건 아닐지
문득 겁이난다

아리송해서 끄적이다

이 화살표 방향이
가르키는 곳은
내가 바라는 그 곳일까

길바닥 보다 끄적이다

매일 눈을 감고 있지만
잠에 깨어 있었어
이젠 알아 잊어야 한다는 것을
미련마저 모두 버려야 한다는 것을
이젠 꿈에서만 허락할 뿐이야

꿈에 깨서 끄적이다

인생이란 쓰디쓴 술잔이란 걸 알면서도
또 마시면서 반복하는 고통의 늪에 빠지네

술잔에 인생 담아서 끄적이다

우아해 보이지만
너도 보이지 않는 곳은
나처럼 발버둥 치는구나
그래도 어쩌겠니
그래야 사는게 인생이라는데

호숫가 오리 보다가 끄적이다

노력을 해도
도저히 안 되는게 있구나
코로나

울지 못해서 끄적이다

너무 빨라도
너무 느려도
안 되는게
타이밍인데
타이밍 잡기가
쉽지 않은게
인생

빨래 넣고 끄적이다

이렇게 사는 건
그렇게 살아왔기에

연탄불 보며 끄적이다

무작정 쫓아갔어
그렇게 사는게 정답인 것 같아서
이렇게 아픈데

건널목에 서서 끄적이다

지금껏 널 위해 살아왔었다면
이제부턴 날 위해 살아보려해

이제야 비로소 끄적이다

사람은
절대 변하지 않는다
변하는 척 하는거지

기대가 무너져서 끄적이다

잊는게 아니라
잊혀진다는 것은
세상에서 가장 슬픈 것

만감이 교차하는 새벽에 끄적이다

04

사랑

LOVE

당겨도 모자랄 만큼의 마음인데
밀어내볼 시간이 어디 있어

밀당하는 사람들보며 끄적이다

스치면 우연
잡으면 인연

시작하는 연인들에게 끄적이다

아무리줘도 아깝지 않는게 사랑이라면
난 사랑하네요 당신을

단풍보다 끄적이다

좋은 향이나서
고개 돌려봤더니
너가 옆에 있었네

당신 향에 취해 끄적이다

신호등은 빨강 노랑 초록불이 있잖아
난 늘 노랑불이었던 것 같아
멈출수도 갈수도 없는 애매한 상황속에서
늘 그 순간의 판단에 따라 결정하면서
불안한 마음이 한구석이었어
근데 널 만나고
확실히 신호등의 본연의 의미를 알았어
초록불일때만
안전하게 가야한다는 걸

문득 신호등 보다가 끄적이다

너를 미소짓게 하는 과정이
내 행복의 결과야

눈 뜨자마자 생각나서 끄적이다

함께 있을 때
변해가는 내 모습이
내 마음에 든다는 건
널 사랑하는 거야

변해가는 내 모습에 끄적이다

당신만은
내 인생의 한 부분이 아닌
전부가 되었으면 좋겠어

가슴 벅차 끄적이다

지구의 반이 여자라고 하는데
넌 단 한 사람
내가 사랑하는 사람

헤롱헤롱 거리다 끄적이다

남자에게 있어 가장 용감한 일은
한 여자를 사랑하는 일이야

내가 이렇게 될 줄 몰라 끄적이다

내가 당신을 늘 바래다주는 이유는
당신이 내 뒷모습을 보는게 싫어서야

널 바래다 주고 끄적이다

나다움이 얼마나
아름다움인지 알려주는
사람이 바로
그대에요

나에 대해 알아줘서 끄적이다

나의 무표정에
미소를 그려준 사람이
바로 당신이야

그래라고 하품해서 끄적이다

그래
너니까

예외가 인정되서 끄적이다

난 원래 별이었나봐
너가 나를 빛나게 해줬어

고개 올려 별 보다 끄적이다

지금까지는 쉼표
너를 만나 마침표

안목이 뛰어나서 끄적이다

단순히 어깨를 내어줘서 편안한게 아니라
어깨에서 느껴지는 작은 떨림이
마음으로 스며들어 좋은거야

온도가 따뜻해 끄적이다

우연이 인연으로
인연이 운명으로
운명이 우리로
우리가 하나로

심장에 새기며 끄적이다

험한 세상 속에 넌 유일한 피난처
너와 함께라면 어디든 Heaven

보랏빛 하늘보며 끄적이다

사랑은
넓이가 아닌 깊이

자꾸 떠올라 끄적이다

시력이 좋은 사람이 아니었는데
유독 너만 보이는 것은
내 시력은 너에게 맞춤인가봐

내 눈 안에 너가 보여 끄적이다

난 들판에 자유로이
시간의 흐름따라 사는 야생마였어
근데 너를 만나 결승점만 보고 뛰는
경주마로 변했어

새벽에 달리다 끄적이다

의도치 않은 사막에
한송이 꽃이 피다

한송이 꽃보며 끄적이다

내가 어떤 상황이건
어떤 모습이건
그럼에도 불구하고
내 곁에 있는 사람이
바로 너였으면

눈 오는 날 끄적이다

물음표가 느낌표가 되는 날
이미 그대는 웃고 있었지요

붉은 조명 아래서 끄적이다

온전한 내편이 있다는 건
세상 제일 크나큰 축복이야

이제야 내편이 생겨 끄적이다

너란 사람 참 멋지다
근데 내가 더 멋진 사람이야
멋진 너가 내 곁에서
평생 함께 할 사람이니까

새벽 공기 스치다 끄적이다

끄적이다

1판 1쇄 발행 2024년 1월 31일

지 은 이   문성환
펴 낸 곳   도서출판 책여정
디 자 인   한송이
문   의   031.884.4490 │ msh8477@naver.com
등록번호   213-54-00730
등록일자   2023년 8월 9일
주   소   강원특별자치도 춘천시 스무숲1길 42-4. 3층

ISBN   979-11-984266-7-3 (03800)

· 이 책의 판권은 지은이와 책여정에 있습니다.
· 책 내용의 전부 또는 일부를 이용하려면 책여정의 동의를 받아야 합니다.